Psychotherapie

Der Fragenkatalog

Psychotherapie
Der Fragenkatalog
© 2010 - Ingo Michael Simon

2. Auflage
ISBN: 978-3-8370-5396-8
Herstellung und Verlag:
Books on Demand GmbH, Norderstedt

Wichtiger Hinweis

Dieses Buch ist als Übungsbuch für die Teilnahme an der Heil-praktikerprüfung (Psychotherapie) konzipiert. Der Autor und sein Team haben großen Wert auf Sorgfalt bei der Erstellung gelegt. Beachten Sie bitte, dass dieses Buch der Vorbereitung auf die Prüfung dient und nicht als Praxisleitfaden oder Handlungs-empfehlung für tatsächlich zu behandelnde Klienten zu verste-hen ist. Medizinisches sowie psychologisches und therapeuti-sches Fachwissen, Behandlungsmethoden und Praxiserfahrun-gen unterliegen ständigem Wandel und können sich teilweise rasch verändern. Die diagnostische und therapeutische Arbeit eines Heilpraktikers für Psychotherapie obliegt seiner eigenen Sorgfaltspflicht und muss von ihm alleine verantwortet werden. Eine Mitverantwortung des Autors kann daher auch dann nicht übernommen werden, wenn unter Hinweis auf Ausführungen in diesem Buch mit Klienten oder Patienten gearbeitet wird.

Ausbildungskurse

Ingo Michael Simon bietet regelmäßig Ausbildungskurse zur Vorbereitung auf die amtsärztliche Überprüfung und zu ver-schiedenen Therapieformen und Themen an. Aktuelle Informati-onen und Termine finden Sie auf *www.praxissimon.de*.

Vorwort des Autors

Das vorliegende Buch enthält insgesamt 400 Einzelfragen zu allen Prüfungsthemen der eingeschränkten Heilpraktikerprüfung bzw. zum Psychiatrieteil der „großen Heilpraktikerprüfung". Es dient vor allem der Einschätzung des eigenen Wissensstandes, indem auf kurze Fragen jeweils eine kurze präzise Antwort gegeben wird. Im mündlichen Teil werden die Fragen meistens etwas weiter gestellt, sie werden also so formuliert, dass eine längere Antwort gegeben werden kann. Darauf kommt es in diesem Fragenkatalog jedoch nicht an. Das freie Formulieren umfassender Themen sollte selbstverständlich vor dem mündlichen Prüfungsteil eingeübt werden. Mit den Fragen dieses Buches möchte ich Ihnen jedoch eine Möglichkeit anbieten, das gesamte Prüfungswissen zu wiederholen, Lücken ggf. zu schließen und eine realistische Einschätzung darüber zu treffen, ob Sie bereits prüfungsreif sind. Wenn Sie mehr als 10 Prozent aller Fragen nicht beantworten können, sollten Sie vor der Prüfung noch eine intensive Lernphase einlegen. Testen Sie Ihr Wissen und entscheiden Sie dann selbst, ob bzw. wann Sie zur Prüfung gehen. Ich drücke Ihnen jedenfalls die Daumen und wünsche Ihnen Spaß beim Lernen und Erfolg beim Amtsarzt!

St. Wendel, im Oktober 2010
Ingo Michael Simon

Inhaltsverzeichnis

Fragenkatalog

Allgemeine Psychopathologie

1. Welche 3 Elemente bilden das Bewusstsein?

2. Geben Sie die quantitativen Bewusstseinsstörungen nach Schweregrad an, beginnend bei der leichtesten Form!

3. Worin unterscheiden sich quantitative von qualitativen Bewusstseinsstörungen?

4. Welche Unterscheidung besteht zwischen Somnolenz und Sopor?

5. Geben Sie ein Synonym für Bewusstseinserweiterung an!

6. Welche qualitativen Bewusstseinsstörungen gibt es?

7. Was versteht man unter Bewusstseinseintrübung?

8. Welche Störungsbereiche unterscheidet man bei der Orientierung?

9. Welcher Orientierungsbereich bleibt bei zunehmendem Schweregrad einer organisch bedingten psychischen Störung in der Regel am längsten erhalten?

10. Was versteht man unter mnestischen Funktionen?

11. Welche beiden grundlegenden Fähigkeiten können bei Gedächtnisstörungen beeinträchtigt sein?

12. Was versteht man unter einer Engrammbildung?

13. Was bezeichnet der Begriff Konfabulationen?

14. Nennen Sie mindestens 2 verschiedene paramnestische Störungen!

15. Was wird mit dem Begriff Amnesie bezeichnet?

16. Worin liegt der Unterschied zwischen einer retrograden und einer anterograden Amnesie?

17. Welche beiden Gruppen von Denkstörungen kann man unterscheiden?

18. Was versteht man unter Perseveration?

19. Unterscheiden Sie Ideenflucht und Inkohärenz!

20. Was wird mit dem Begriff Vorbeireden bezeichnet?

21. Welcher Begriff ist synonym zu Gedankensperrung?

22. Welche 3 Formen von Zwängen sind möglich?

23. Was bezeichnet der Begriff Zwangszeremoniell?

24. Was wissen Sie über Meinhaftigkeit bei Zwängen?

25. Geben Sie die 5 typischen Wahnkriterien an!

26. Wie unterscheiden sich Wahnwahrnehmungen von Wahnideen?

27. Was versteht man unter einem Erklärungswahn?

28. Unterscheiden Sie Liebeswahn und Eifersuchtswahn!

29. Wie unterscheidet sich der depressive vom schizophrenen Wahn?

30. Definieren Sie den Begriff Halluzinationen!

31. Was versteht man unter olfaktorischen und gustatorischen Halluzinationen?

32. Was sind Zönästhesien?

33. Was versteht man unter Leibhalluzinationen?

34. Wie unterscheiden sich Pseudohalluzinationen von Halluzinationen?

35. Was ist eine Pareidolie?

36. Was wird mit den Begriffen Mikropsie und Makropsie bezeichnet?

37. Was versteht man unter Dysmorphopsie?

38. Wie unterscheiden sich Entfremdungserlebnisse von Ich-Störungen?

39. Nennen Sie mindestens 2 Entfremdungserlebnisse und mindestens 2 manifeste Ich-Störungen!

40. Welches Phänomen wird mit dem Begriff der Parathymie bezeichnet?

41. Wie zeigt sich das Gefühl der Gefühllosigkeit?

42. Was bedeutet Dysphorie?

43. Was versteht man unter einer vitalen Traurigkeit?

44. Beschreiben Sie den Zustand des Stupors!

45. Was bedeuten die Begriffe Echolalie und Echopraxie?

46. Wie äußert sich eine Logorrhö?

47. Was wird mit dem Begriff der sozialen Umtriebigkeit beschrieben?

Organisch bedingte psychische Störungen

48. Was versteht man unter einem Durchgangssyndrom?

49. Welche Symptome kennzeichnen das akute Korsakow-Syndrom?

50. Welche Art von Halluzination ist typisch für Delir?

51. Wie äußern sich Gedächtnisstörungen beim Delir?

52. Welche Ursachen sind typisch für das Delir?

53. Wie lange dauern behandelte Delirzustände etwa?

54. Bis zu welcher Gesamtdauer ist die Diagnose Delir nach ICD-10 zulässig?

55. Wie unterscheiden sich die Ursachen von akuten und chronischen organischen Psychosyndromen?

56. Welche Ursachen für Demenzen gibt es?

57. Wann spricht man von einer senilen und wann von einer präsenilen Alzheimerdemenz?

58. Welche Symptome gehören zu den frühen Symptomen einer Alzheimerdemenz?

59. Wie unterscheidet sich der Verlauf der senilen von der präsenilen Form der Alzheimerdemenz?

60. Welche psycho- und soziotherapeutischen Möglichkeiten einer Therapie Demenzkranker gibt es?

61. Welche körperliche Erkrankung führt zu einem raschen demenziellen Verlauf?

62. Zu welchen neurologischen Ausfällen kommt es im Zuge ausgeprägter Demenzen?

63. Wie lange müssen typische Demenzsymptome vorliegen, damit die Diagnose gestellt werden kann?

64. Welche Differenzialdiagnose ist bei Verdacht auf Demenz im höheren Alter die bedeutendste?

65. Was versteht man unter einer Pseudodemenz?

66. Wie unterscheidet sich das Ergebnis eines MMST bei dementen von pseudodementen Patienten?

67. Geben Sie mindestens drei Unterscheidungskriterien zwischen Pseudodemenz und Demenz an!

68. Wovon hängt es ab, ob ein organisches Psychosyndrom reversibel ist?

69. Was versteht man unter einem amentiellen Syndrom?

70. Welche Symptome sind typisch für das chronische amnestische Syndrom?

71. Was versteht man unter einer organischen Persönlichkeitsstörung?

72. Welche Symptome treten bei organisch bedingten Persönlichkeitsveränderungen typischerweise auf?

73. Was versteht man unter Konfabulationen?

74. Wie ist der Bewusstseinszustand eines Korsakow-Patienten?

75. Wie verhält sich das Immediatgedächtnis eines Korsakow-Patienten?

76. Welche Ursache für Demenz ist die häufigste?

77. Mit welchen Medikamenten werden Demenzkranke vor allem behandelt?

78. Geben Sie mindestens drei Symptome einer Gehirnkontusion an!

79. Worin unterscheiden sich commotio cerebri und contusio cerebri?

80. Welche Symptome einer Gehirnkontusion sind mit Sicherheit reversibel?

81. Welche Kinder-Demenzen gibt es?

Abhängigkeitserkrankungen

82. Nennen Sie die 6 Abhängigkeitskriterien, die in der ICD-10 beschrieben werden!

83. Wie viele Abhängigkeitskriterien müssen dauerhaft erfüllt sein, damit eine Abhängigkeit nach ICD-10 festgestellt werden kann?

84. Was versteht man unter Craving?

85. Was wird mit dem Begriff Polytoxikomanie bezeichnet?

86. Geben Sie die 6 Prägnanztypen der Abhängigkeit gemäß WHO an!

87. Nennen Sie die 4 Abhängigkeitsphasen nach Jellinek!

88. Welche Alkoholismus-Typen werden nach Jellinek unterschieden?

89. Nennen Sie mindestens 3 Symptome des akuten Rausches!

90. Was versteht man unter einem pathologischen Rausch?

91. Welche psychopathologische Störung ist die häufigste psychiatrische Folgeerkrankung des Alkoholismus?

92. Nennen Sie mindestens 3 psychiatrische Störungen, die Folge eines chronischen Alkoholismus sein können!

93. Welche Wahrnehmungsstörungen sind typisch für ein Delirium tremens?

94. Worin unterscheiden sich die Bereiche des Bewusstseins und der Orientierung bei Delirium tremens und Alkoholhalluzinose?

95. Welches organisch bedingte Wahnsyndrom kommt bei alkoholkranken Männern am häufigsten vor?

96. Welche Symptome sind typisch für das alkoholbedingte Korsakow-Syndrom?

97. Was versteht man unter einem fetalen Alkoholsyndrom?

98. Wie lange dauert ein behandeltes Delirium tremens etwa?

99. Wie schätzen Sie die Prognose einer Alkoholhalluzinose ein?

100. Was versteht man unter einem Co-Alkoholiker?

101. Welche Phasen gehören zur Behandlungskette für Alkoholkranke?

102. Wie lange dauert eine Entgiftung bei Alkoholismus ungefähr?

103. In welcher Altergruppe werden illegale Drogen hauptsächlich konsumiert?

104. Geben Sie mindestens 3 Substanzen des Morphin-Opiat-Typs an!

105. Welche Symptomtrias ist typisch für die klinische Symptomatik des chronischen Heroinkonsums?

106. Geben Sie mindestens 3 typische Entzugssymptome eines Opiatentzuges an!

107. Wie ist der ungefähre zeitliche Verlauf eines Heroinentzuges?

108. Geben Sie mindestens 3 Substanzen an, die zur Barbiturat-Gruppe gezählt werden!

109. Welche körperlichen Wirkungen sind typisch für Missbrauch von Barbituraten?

110. Welche Intoxiaktionssymptomatik tritt bei Kokainmissbrauch auf?

111. Mit welchen somatischen Wirkungen ist bei Langzeitmissbrauch von Cannabis zu rechnen?

112. Was versteht man unter einer Echopsychose?

113. Was wird mit dem Begriff des Amotivations-Syndroms bezeichnet?

114. Welche illegalen Drogen können bei Langzeitmiss-brauch psychotische Störungen produzieren?

115. Wie schätzen Sie die Prognose der behandelten Drogenabhängigkeiten ein?

Schizophrenie und Wahn

116. Wie lange müssen schizophrene Symptome vorlie-gen, damit die Diagnose gem. ICD-10 zulässig ist?

117. Geben Sie mindestens 2 Symptome der Schizo-phrenie an, die nach ICD-10 bei jeweils alleinigem Vorliegen für eine Diagnose ausreichen!

118. Geben Sie mindestens 2 schizophrene Symptome an, die in der ICD-10 aufgelistet sind, jedoch nicht bei alleinigem Vorliegen zur Diagnose ausreichen!

119. Nennen Sie mindestens 2 Symptome ersten Ranges der Schizophrenie nach Kurt Schneider!

120. Geben Sie mindestens 1 schizophrenes Symptom zweiten Ranges nach Schneider an!

121. Was versteht man unter Plussymptomen der Schi-zophrenie?

122. Geben Sie mindestens 3 Minussymptome einer schizophrenen Psychose an!

123. Welcher Wahn dominiert typischerweise die para-noide Schizophrenie?

124. Von welcher Prognose schizophrener Psychosen ist grundsätzlich auszugehen?

125. Wie beurteilen Sie den subjektiven Leidensdruck des Patienten bei einer akuten paranoiden Schizophrenie?

126. Wie schätzen Sie die Compliance eines akut schizophrenen Patienten ein?

127. Was ist ein positiver Knick?

128. Was wird mit dem Begriff der doppelten Buchführung eines Schizophrenen bezeichnet?

129. Nennen Sie mindestens 4 Unterformen der Schizophrenie, die in der ICD-10 aufgeführt sind!

130. Welche Form der Schizophrenie ist die häufigste?

131. Was versteht man unter einem schizophrenen Residuum?

132. Welche Kennzeichen einer diagnostizierten Schizophrenie sind prognostisch eher günstig?

133. Wie hoch ist die durchschnittliche Wahrscheinlichkeit, an einer Schizophrenie zu erkranken?

134. Mit welchen Medikamenten wird die produktive Symptomatik der Schizophrenie in der Regel behandelt?

135. In welcher Altersspanne liegt das Haupterkrankungsalter für schizophrene Psychosen?

136. Was versteht man unter einer Spätschizophrenie?

137. Wie lautet die Diagnose beim Vorliegen typischer Schizophreniesymptome, die nach wenigen Tagen wieder vergehen?

138. Wie lange dauert die Rezidivprophylaxe einer schizophrenen Episode mindestens?

139. Nennen Sie 2 Faktoren, die die Compliance eines schizophrenen Patienten erschweren können!

140. Was ist eine kurze reaktive Psychose?

141. Was versteht man unter einer wahnhaften Störung?

142. Nennen Sie mindestens 2 häufige Wahnthemen, die bei einer wahnhaften Störung vorkommen können!

143. Was versteht man unter einer folie-à-deux?

Affektive Störungen

144. Welche affektiven Störungen gibt es?

145. Welche Form der affektiven Psychosen ist die häufigste?

146. Geben Sie mindestens 2 Leitsymptome einer depressiven Episode an!

147. Was versteht man unter einer symptomatischen Depression?

148. Was wird mit dem Begriff der Pseudodemenz bezeichnet?

149. Bei welcher Form der Depression liegt eine Antriebssteigerung vor?

150. Was ist eine larvierte Depression?

151. Nennen Sie mindestens 2 schwer wiegende Symptome einer Melancholie!

152. Welche typische Schwankung zeigt die Symptomausprägung einer schweren Depression im Tagesverlauf?

153. Welche Behandlungsformen für depressive Störungen gibt es (mindestens 4)?

154. Geben Sie 3 Leitsymptome einer manischen Phase an!

155. Welche Ausprägungsgrade einer manischen Störung unterscheidet die ICD-10?

156. Warum können Maniker in der akuten Phase zwangsweise untergebracht werden?

157. Was versteht man unter einer bipolaren Störung?

158. Was wissen Sie über den Beginn depressiver und manischer Phasen?

159. Mit wie vielen Phasen ist durchschnittlich bei depressiven bzw. bei bipolaren Störungen zu rechnen?

160. Wie lange dauern die einzelnen Phasen einer bipolaren Störung etwa an?

161. Was bezeichnet man mit dem Begriff des Rapid Cycling?

162. Warum steigt am Anfang einer somatischen Therapie der schweren Depression häufig das Suizidrisiko des Patienten?

163. Was versteht man unter einer Dysthymia?

164. Was wird nach der heutigen Klassifikation der Krankheiten als Zyklothymia bezeichnet?

165. Was ist eine gemischte Episode einer affektiven Störung?

166. Welche Medikamente werden bei der Behandlung von Depressionen vorwiegend eingesetzt?

167. Bei welcher Störung kann Lichttherapie mit gutem Erfolg eingesetzt werden?

168. Wie wird eine rTMS durchgeführt?

169. Was ist eine Elektrokrampftherapie (EKT)?

170. Wie schätzen Sie die Compliance eines Manikers ein?

171. Was versteht man unter einer schizoaffektiven Psychose?

172. Was ist eine so genannte Angst-Glücks-Psychose?

Neurotische, Belastungs- , somatoforme Störungen

173. Was wird mit dem Begriff Realangst bezeichnet?

174. Welche Angststörungen unterscheidet die ICD-10?

175. Was versteht man unter Erwartungsangst?

176. Nennen Sie mindestens zwei Folgen chronischer Ängste!

177. Worum handelt es sich bei einer Agoraphobie?

178. Welche Phobien werden in der ICD-10 beschrieben?

179. Was versteht man unter einer Antropophobie?

180. Nennen Sie die typischen Kennzeichen einer Panikstörung!

181. Wie unterscheidet sich die generalisierte Angststörung von der Panikstörung?

182. Welche Diagnose entspricht heute am ehesten der Herzangstneurose?

183. Geben Sie mindestens ein Testverfahren zur Einschätzung von Ängsten an!

184. Wie unterscheiden sich Zwänge von Wahnphänomenen?

185. Nennen Sie mindestens 3 typische Zwänge!

186. Wie unterscheiden sich Zwangsstörungen vom Anankasmus der zwanghaften Persönlichkeitsstörung?

187. Wie schätzen Sie die Prognose einer Anpassungsstörung ein?

188. Geben Sie die typische Latenzzeit sowie die Dauer einer Anpassungsstörung an!

189. Geben Sie mindestens 3 mögliche Ursachen einer posttraumatischen Belastungsstörung an!

190. Worin unterscheiden sich die Ursachen von Anpassungsstörungen und posttraumatischen Belastungsstörungen?

191. Geben Sie mindestens 3 Beispiele dissoziativer Störungen an!

192. Was wissen Sie über Beginn und Verlauf sowie die Stabilität der Symptomatik bei dissoziativen Störungen?

193. Welche somatoformen Störungen unterscheidet die ICD-10?

194. Was versteht man unter einer Dysmorphophobie?

195. Was wird mit dem Begriff der Neurasthenie bezeichnet?

196. Was ist ein so genanntes Ganser-Syndrom?

Störungen mit körperlichen Faktoren

197. Welche grundlegende Störung findet man sowohl bei Anorexie als auch bei Bulimie?

198. Geben Sie mindestens 3 schwere körperliche Folgen einer ausgeprägten Anorexia nervosa an!

199. Ab welchem BMI-Wert wird bei fehlenden körperlichen Ursachen eine Anorexie vermutet?

200. Erläutern Sie die Begriffe Binge-Eating und Purging!

201. Wie unterscheidet sich das äußere Erscheinungsbild von Anorektikerinnen und Bulimkerinnen?

202. Wie schätzen Sie die Prognose einer Anorexie ein?

203. Welche Todesursache in Folge einer Anorexia nervosa ist die häufigste?

204. Mit welchen Therapien wird Anorexie vor allem behandelt?

205. Warum kann bei einer ausgeprägten Anorexie eine Unterbringung (Zwangseinweisung) angeordnet werden?

206. Wie unterscheidet sich die Krankheitseinsicht von Anorektikern und Bulimikern?

207. Wie viele Männer sind prozentual etwa bei Anorexie vertreten?

208. Wie unterscheiden sich Dyssomnien von Parasomnien?

209. Beschreiben Sie das Erscheinungsbild der Narkolepsie!

210. Was versteht man unter einem Schlaf-Apnoe-Syndrom?

211. Nennen Sie 2 Unterschiede zwischen Albträumen und Pavor nocturnus!

212. Was versteht man unter einer Entzugsinsomnie?

213. Geben Sie mindestens 4 mögliche Gründe für Schlafstörungen an!

Persönlichkeitsstörungen

214. Nennen Sie die fünf Faktoren, die eine Persönlichkeit ausmachen (Big Five)!

215. Geben Sie mindestens 3 typische Symptome einer paranoiden Persönlichkeitsstörung (ICD-10) an!

216. Worin liegen jeweils Ähnlichkeiten zwischen der schizoiden und der schizotypischen Persönlichkeitsstörung einerseits und der Schizophrenie andererseits?

217. Nennen Sie mindestens 3 typische Symptome einer dissozialen Persönlichkeitsstörung!

218. Welche beiden Typen der emotional instabilen Persönlichkeitsstörung unterscheidet die ICD-10?

219. Welche Persönlichkeitsstörung zeichnet sich durch eine ausgeprägte Opferhaltung mit übertriebenen Affektäußerungen aus?

220. Wie unterscheidet sich der Anankasmus einer zwanghaften Persönlichkeitsstörung vom Erscheinungsbild einer Zwangsstörung?

221. Schildern Sie mindestens 3 Symptome einer ängstlichen Persönlichkeitsstörung!

222. Erläutern Sie das Beziehungsverhalten bei einer asthenischen Persönlichkeitsstörung!

223. Nennen Sie mindestens 2 Testverfahren zur Einschätzung einer Persönlichkeit!

224. Wie schätzen Sie die Prognose der Persönlichkeitsstörungen ein?

225. Wie schätzen Sie den subjektiven Leidensdruck von Menschen mit Persönlichkeitsstörungen ein?

226. Nennen Sie mindestens 4 grundlegende diagnostische Kriterien zur Feststellung einer Persönlichkeitsstörung!

Intelligenzminderung

227. Worin liegt der Unterschied zwischen einer Intelligenzminderung gem. F7 und dem intellektuellen Leistungsverlust einer Demenz?

228. Welche Schweregrade einer Intelligenzminderung unterscheidet man heute?

229. Welcher Zustand wird in Deutschland mit dem Begriff der Lernbehinderung bezeichnet?

230. Nennen Sie mindestens 3 Kriterien zur Einschätzung des Ausmaßes einer Intelligenzminderung!

231. Nennen Sie mindestens 1 Testverfahren zur Feststellung der Intelligenz!

232. Warum spielt die Fremdanamnese bei der Einschätzung einer Intelligenzminderung eine bedeutende Rolle?

233. Was versteht man unter einer dissoziierten Intelligenz?

234. Welchem Schweregrad der Intelligenzminderung entspricht die frühere Bezeichnung Imbezilität?

235. Mit welchem Begriff bezeichnete man eine Intelligenzminderung leichten Grades früher?

236. Nennen Sie mindestens 3 Ursachen für eine Intelligenzminderung nach ICD-10 F7!

237. Was versteht man unter einer perinatalen Schädigung des Gehirns?

Entwicklungsstörungen

238. Was versteht man unter einer Artikulationsstörung im Unterschied zu einer expressiven Sprachstörung?

239. Welche Artikulationsschwierigkeiten sind im Kindesalter entwicklungsbedingt und damit zunächst unauffällig?

240. Welche Art von Störung wird mit dem Begriff der rezeptiven Dysphasie bezeichnet?

241. Nennen Sie mindestens 2 Symptome einer auffälligen expressiven Sprachstörung!

242. Schildern Sie die Hauptsymptomatik des Landau-Kleffner-Syndroms!

243. Welche Formen des Stotterns kann man unterscheiden?

244. Welcher Unterschied besteht zwischen Stottern und Poltern?

245. Was wissen Sie über die Häufigkeit von Psychosen beim Vorliegen von LRS (Lese-Rechtschreib-Schwäche)?

246. Schildern Sie die Symptomatik eines Kanner-Syndroms!

247. Worin unterscheiden sich Kanner-Autisten vom Asperger-Typ?

248. Geben Sie die Geschlechterverteilung des früh-kindlichen Autismus und des Asperger-Syndroms an!

249. Vergleichen Sie die durchschnittliche Intelligenz von Asperger- und Kanner-Autisten!

250. Was versteht man unter einer Inselbegabung?

Verhaltens- und emotionale Störungen bei Kindern

251. Welche typische Symptomtrias findet sich beim Aufmerksamkeitsdefizit-Hyperaktivitätssyndrom (ADHS)?

252. Worin liegt der Unterschied zwischen ADHS und ADS?

253. Wie hoch ist die prozentuale Häufigkeit des ADHS bei Schulkindern und wie ist die Geschlechterver-teilung?

254. In welchem Lebensalter beginnt eine ADHS?

255. Geben Sie mindestens 2 typische soziale Folgen eines nicht behandelten ADHS an!

256. Beschreiben Sie die Besonderheiten des Spielver-haltens und der sozialen Kontaktaufnahme eines ADHS-Kindes!

257. Was versteht man unter einer neurotischen Delin-quenz?

258. Was ist der Unterschied zwischen Schulangst und Schulphobie?

259. Was versteht man unter (s)elektiven Mutismus?

260. Was wird mit dem Begriff Deprivationssyndrom bezeichnet?

261. Was ist ein Gilles-de-la-Tourette-Syndrom (Tourette-Syndrom)?

262. Was wissen Sie über die Geschlechterverteilung der Enuresis?

263. Welcher Unterschied besteht zwischen einer primären und einer sekundären Ausscheidungsstörung?

264. Was versteht man unter einer Überlaufenkopresis?

265. Welche Behandlungsmöglichkeiten für Ausscheidungsstörungen gibt es?

Klassifikation (ICD-10)

266. In welchen Hauptgruppen der ICD-10 (Teil F) finden sich hauptsächlich psychische Störungen, die organische Ursachen haben?

267. Wo in der ICD-10 (Teil F) findet man die früher als Hysterie oder hysterische Neurosen bezeichneten Störungen?

268. Welche Störungsbilder stehen in der Hauptgruppe F 3 der ICD-10?

269. In welchen Kapiteln (Gruppen) der ICD-10 werden die Störungen, die im Kindes- und Jugendalter entstehen beschrieben?

270. Welche Hauptgruppen der ICD-10 (Teil F) beinhalten die Störungsbilder, die früher als endogene Psychosen bezeichnet wurden?

271. Nennen Sie mit einer kurzen Titelbezeichnung alle Hauptgruppen psychischer Störungen der ICD-10!

272. In welcher Hauptgruppe der ICD-10 im Teil F findet man das Korsakow-Syndrom?

273. Welche Störungsgruppe der ICD-10 enthält die Neurosen?

274. Zu welchen Störungen gehören die verschiedenen Ausprägungen des Autismus in der ICD-10?

275. In welchen Störungsgruppen der ICD-10 (Teil F) werden die sexuellen Störungen beschrieben?

Verlaufsprognosen

276. Ab welcher Zeitdauer anhaltender Symptomatik wird eine Schizophrenie diagnostiziert?

277. Welches Zeitkriterium beschreibt die ICD-10 als maximale Dauer eines Delirs?

278. Ab welchem Alter spricht man von seniler Alzheimer-Demenz?

279. Wie unterscheiden sich die Verläufe von Alzheimer-Demenz und vaskulärer Demenz?

280. Wie schätzen Sie die Heilungsaussichten schizophrener Psychosen ein?

281. Welche Verläufe sind bei schizophrenen Psychosen möglich?

282. Wie unterscheidet sich ein phasenförmiger Verlauf von einem schubweisen Verlauf einer psychotischen Störung?

283. Wie lange dauern depressive Phasen etwa an?

284. Schildern Sie den Verlauf einer Anpassungsstörung!

285. Wie beurteilen Sie die Verlaufsprognose von Persönlichkeitsstörungen?

286. Was wissen Sie über Beginn, Verlauf und Ende von dissoziativen Störungen?

287. Wie unterscheidet sich der Beginn manischer Phasen von dem Beginn depressiver Phasen?

288. Was ist hinsichtlich der Suizidalität des Patienten bei der Therapie von Zwangsstörungen zu beachten?

289. Welche chronischen Folgen haben Angststörungen häufig?

290. Mit wie vielen Phasen muss bei einer bipolaren Störung im Durchschnitt gerechnet werden?

291. Was versteht man unter einem positiven Knick?

Epidemiologie

292. Was versteht man unter der Prävalenz einer Erkrankung?

293. Was bezeichnet man mit dem Begriff der Inzidenz?

294. Wie viele aller Anorexiefälle betreffen Männer (prozentual)?

295. Wie hoch ist das Lebenszeitrisiko für schizophrene Psychosen?

296. Ab welchem Alter gelten schizophrene Psychosen als Spätschizophrenien?

297. Geben Sie das prozentuale Vorkommen der einzelnen Verlaufsformen affektiver Störungen an!

298. Wie hoch ist ungefähr das Lebenszeitrisiko für autonome somatoforme Funktionsstörungen?

299. Wie viel Prozent der deutschen Bevölkerung ist von Intelligenzminderung (im Sinne der Kategorie F7) betroffen?

300. Wie viele Menschen begehen jährlich in Deutschland Suizid?

301. Geben Sie die Geschlechterverteilung für Suizide und Suizidversuche an!

Pathogenese

302. Wie entstehen psychische Störungen (Neurosen) aus Sicht der Verhaltenstherapie hauptsächlich?

303. Welche Rolle spielen die Gene bei der Entstehung psychischer Krankheiten?

304. Was versteht man unter dem Vulnerabilitäts-Stress-Modell?

305. Was versteht man unter einer Konversion bei der Entstehung einer psychischen Krankheit?

306. Halten Sie es für möglich, dass die genetische Veranlagung zu einhundert Prozent für den Ausbruch einer endogenen Psychose verantwortlich ist?

Suizidalität

307. Nennen Sie die häufigsten Todesursachen in Deutschland in absteigender Reihenfolge!

308. Was versteht man unter harten und weichen Suizidmethoden?

309. Was wissen Sie über die Wahl der Suizidmethoden bei Männern und Frauen?

310. Wie viele Menschen begehen in Deutschland jährlich Suizid (ungefähr)?

311. Welches Geschlecht verübt häufiger Suizidversuche bzw. häufiger Suizid?

312. Wie hat sich die Selbsttötungsrate in Deutschland in den letzten dreißig Jahren entwickelt?

313. In welcher Jahreszeit werden die meisten Suizide verübt?

314. Was versteht man unter einem Initiationssuizid?

315. Welches Phänomen wird mit dem Begriff Mitnahmesuizid bezeichnet?

316. Welche Kriterien kennzeichnen das präsuizidale Syndrom nach Ringel?

317. Was versteht man unter der Restambivalenz einer suizidalen Person?

318. Wie verändert sich die Suizidalität einer Person nach der Entlassung aus der Klinik?

Somatotherapie

319. Welche Symptome werden vor allem mit Neuroleptika behandelt?

320. Was versteht man unter atypischen Neuroleptika?

321. Nennen Sie typische Nebenwirkungen der klassischen neuroleptischen Medikamente!

322. Was versteht man unter Akathisie?

323. Warum sollte bei plötzlich einsetzender Akathisie unverzüglich ein Arzt aufgesucht werden?

324. Welche Hauptwirkungen haben Antidepressiva?

325. Warum steigern bestimmte Antidepressiva zu Beginn der Therapie die Suizidalität des Patienten?

326. Welche Nebenwirkungen kommen bei Antidepressiva vor?

327. Wie schätzen Sie das Abhängigkeitspotenzial von Neuroleptika und Antidepressiva ein?

328. Nennen Sie zwei Phasenprophylaktika!

329. Welche Symptome werden mit Benzodiazepinen behandelt?

330. Geben Sie die Vorteile und Nachteile der Behandlung mit Benzodiazepinen an!

331. Was sind Anti-Craving-Substanzen?

332. Welche Medikamente werden als Nootropika bezeichnet?

333. Was versteht man unter einer Wachtherapie?

334. Wozu kommt die Elektrokrampftherapie zum Einsatz?

335. Was versteht man unter einer rTMS und wozu wird sie angewandt?

336. Was ist eine Lichttherapie und bei welcher Störung kommt sie zum Einsatz?

Psychotherapie (Psychoanalyse)

337. Welche beiden Triebe gehören nach Sigmund Freud zum angeborenen Repertoire des Menschen?

338. Geben Sie die drei Instanzen des psychoanalytischen Modells an!

339. Nennen Sie die typischen psychosexuellen Entwicklungsphasen der psychoanalytischen Theorie!

340. Was versteht man im psychoanalytischen Sinne unter Abwehr?

341. Nennen Sie mindestens 3 Abwehrmechanismen!

342. Was wird mit dem Begriff Konversion bezeichnet?

343. Zu welchen Störungen kommt es vor allem bei Konflikten in der analen Phase?

344. Was versteht man unter dem freien Assoziieren?

345. Erläutern Sie den Begriff Übertragung!

346. Was wird mit dem Begriff Regression bezeichnet?

347. Wie zeigt sich der typische Widerstand in der psychoanalytischen Therapie?

348. Was ist eine Gegenübertragung?

349. Was versteht man unter der Aktualisierungstendenz des Menschen?

350. Erläutern Sie den Begriff des organismischen Bewertungssystems!

351. Welche Bedeutung hat das Bedürfnis nach positiver Zuwendung nach Ansicht der Gesprächspsychotherapie?

352. Erklären Sie die Begriffe Kongruenz und Inkongruenz!

353. Geben Sie die drei therapeutischen Grundprinzipien der Gesprächspsychotherapie an!

354. Welche Störungen können mit Gesprächspsychotherapie am besten behandelt werden?

355. Warum ist die Krankheitseinsicht des Patienten bei der Gesprächspsychotherapie besonders wichtig?

356. Auf welcher Grundannahme bzgl. Entstehung und Beeinflussung psychischer Störungen basiert die Verhaltenstherapie?

357. Welche drei Lernvorgänge sind für das Grundverständnis der Verhaltenslehre besonders wichtig?

358. Geben Sie mindestens drei Arten von Verstärkern an, die therapeutisch nutzbar sind!

359. Beschreiben Sie die typischen Schritte einer Verhaltenstherapie!

360. Was versteht man unter einer systematischen Desensibilisierung?

361. Welche Störungen werden typischerweise mit der systematischen Desensibilisierung behandelt?

362. Geben Sie mindestens drei Selbstkontrollmethoden an!

363. Was versteht man unter Konfrontationsverfahren der Verhaltenstherapie?

364. Wie unterscheiden sich Flooding und Implosion?

365. Wie unterscheiden sich In-sensu-Verfahren von In-vivo-Verfahren?

Die Tätigkeit des Heilpraktikers für Psychotherapie

366. Welches Gesetz regelt die berufliche Erlaubnis der Heilpraktiker für Psychotherapie?

367. Warum ist die Berufsbezeichnung Psychotherapeut für den Heilpraktiker, der mit psychotherapeutischen Methoden arbeitet nicht erlaubt?

368. Aus welchem Grund darf sich der Heilpraktiker für Psychotherapie nicht einfach „Heilpraktiker" nennen?

369. Welche Berufsbezeichnungen sind dem kleinen Heilpraktiker gestattet?

370. Welche psychischen Störungen darf der Heilpraktiker für Psychotherapie behandeln?

371. An welche Vorschriften muss sich der Heilpraktiker für Psychotherapie bei der Gestaltung seines Honorars halten?

372. Unter welchen Voraussetzungen darf ein Heilpraktiker für Psychotherapie mit therapeutischen Gruppen arbeiten?

373. Unter welchen Bedingungen ist es dem Heilpraktiker für Psychotherapie gestattet, homöopathische Mittel wie Bachblüten zu empfehlen?

374. In welchen Fällen darf der Heilpraktiker für Psychotherapie gegen seine Pflicht zur Verschwiegenheit verstoßen?

375. Was besagt die Sorgfaltspflicht?

376. Darf der Heilpraktiker für Psychotherapie die Behandlung eines Klienten/Patienten ablehnen?

377. Was versteht man unter der Aufklärungspflicht eines Heilpraktikers für Psychotherapie?

378. Inwiefern sind dem Heilpraktiker für Psychotherapie körperliche Behandlungsmethoden erlaubt?

379. Wo (Praxis, Räume) darf der Heilpraktiker für Psychotherapie seine Behandlungen anbieten?

Psychiatrische Rechtsfragen

380. Welche Gesetze regeln die zwangsweise Unterbringung in einer Klinik?

381. Unter welchen Voraussetzungen kann eine Zwangsunterbringung erfolgen?

382. Wer entscheidet über die Anordnung einer zwangsweisen Unterbringung?

383. Auf welche Bereiche des alltäglichen Lebens kann sich eine Betreuung erstrecken?

384. Wer verfügt über das Vermögen einer betreuten Person?

385. Unter welchen Voraussetzungen kann Schuldfähigkeit gemindert oder aufgehoben sein?

386. was versteht man unter einem Maßregelvollzug und wann kommt er infrage?

387. Welche Voraussetzungen führen zu einer Geschäftsunfähigkeit?

388. Was versteht man unter der Nichtigkeit einer Willenserklärung?

Alte und neue Begriffe

389. Welche heutige Störung entspricht der früheren Bezeichnung hysterische Neurose bzw. Hysterie am ehesten?

390. Welcher Störungsbereich wurde mit dem früheren Begriff der Psychopathie bezeichnet?

391. Welcher Diagnose entspricht heute die alte Bezeichnung Soziopathie?

392. Wie wird die Oligophrenie in der ICD-10 genannt?

393. Was wurde mit dem veralteten Begriff Charakterneurose bezeichnet?

394. Wie lautet die heutige Bezeichnung für Debilität?

395. Wie wird heute der Zustand einer Imbezilität bezeichnet?

396. Welches Phänomen wurde früher mit dem Begriff Idiotie bezeichnet?

397. Was bezeichnete man früher mit dem Begriff Schwachsinn?

398. In welchem psychiatrischen Zusammenhang wird auch heute noch der Begriff Schwachsinn benutzt?

399. Welche Störung wurde früher mit dem Begriff Dementia praecox bezeichnet?

400. Welcher Diagnose entspricht nach ICD-10 am ehesten die Herzangstneurose?

Lösungsteil

1. Vigilanz, Klarheit, Ich-(Selbst)-Bewusstsein.

2. Benommenheit, Somnolenz, Sopor, Präkoma, Koma.

3. Bei quantitativen Bewusstseinsstörungen ist die Vigilanz eingeschränkt, bei qualitativen sind Klarheit und Ich-Bewusstsein verändert.

4. Somnolenz bedeutet Schläfrigkeit, wobei der Klient durch lautes Ansprechen geweckt werden kann. Im Sopor sind stärkere Reize (Schütteln) erforderlich.

5. Bewusstseinsverschiebung.

6. Bewusstseinserweiterung, Bewusstseinseintrübung, Bewusstseinseinengung.

7. Zusammenhänge des Erlebens und Denkens sind verworren, mangelnde Klarheit.

8. Zeitliche, situative, räumliche (örtliche) und persönliche Orientierung.

9. Orientierung zur eigenen Person (Lebenslaufdaten).

10. Gedächtnisfunktionen.

11. Merkfähigkeit und Erinnerung (Abrufen).

12. Abspeicherung eines Inhaltes im Gedächtnis.

13. Fantasierte Lückenfüller für mangelnde Erinnerung.

14. Déjà-vu (Gefühl, etwas schon einmal genauso gesehen zu haben), Déjà-vecu (etwas schon erlebt zu haben), Hypermnesie (gesteigerte Erinnerung), Ekmnesie (Vergangenes wird als Gegenwart erlebt).

15. Zeitliche oder inhaltliche Erinnerungslücken.

16. Die retrograde Amnesie betrifft die Zeit vor einem Trauma, die anterograde Amnesie betrifft die Zeit nach dem Trauma.

17. Formale Denkstörungen (Wie denkt der Klient?) und inhaltliche Denkstörungen (Was denkt der Klient?).

18. Inhaltliches Haften an einem oder wenigen Themen.

19. Ideenflucht bezeichnet zu schnelle Assoziationen, Inkohärenz fehlenden Gedankenzusammenhang.

20. Inhaltlich unpassende Antworten.

21. Gedankenabreißen.

22. Zwangshandlungen, -impulse, -gedanken.

23. Rituelle Wiederholungen komplexer Zwänge.

24. Sie ist in der Regel bei Erwachsenen erhalten, bei Kindern nicht unbedingt.

25. Inhaltlich falsche Überzeugung, isolierende Wirklichkeitsüberzeugung, krankhafte Ich-Bezogenheit, Unmöglichkeit des Perspektivenwechsels, alles Denken wird davon erfasst.

26. Bei Wahnwahrnehmung wird eine objektiv richtige Wahrnehmung falsch interpretiert, bei der Wahnidee fehlt die objektive Wahrnehmung.

27. Logische Erklärungen früherer Wahnerlebnisse.

28. Liebeswahn ist die Überzeugung, von einem bestimmten Menschen geliebt zu werden. Eifersuchtswahn ist die Überzeugung von der Untreue des Partners.

29. Depressiver Wahn ist immer synthym (Verarmungswahn, Schuldwahn). Schizophrener Wahn ist dysthym.

30. Wahrnehmung ohne tatsächliche Sinnesreizung.

31. Olfaktorische Halluzinationen betreffen den Geruch, gustatorische den Geschmack.

32. Leibgefühlsstörungen (Versteinerungsgefühl, wandernde Organe, Goldüberzug im Körper).

33. Beeinflussungserleben des Körpers (Fernlenkung, Strahlenbeschuss).

34. Pseudohalluzinationen werden als unwirklich erkannt.

35. Etwas Fremdes wird in etwas Tatsächlichem wahrgenommen (Teufelsaugen im Vollmond). Beides wird gleichzeitig wahrgenommen.

36. Mikropsie bedeutet, alles wird kleiner gesehen als es tatsächlich ist, Makropsie bedeutet das Gegenteil.

37. Verzerrte Wahrnehmung von Formen und Farben.

38. Bei Entfremdungen ist die Meinhaftigkeit noch erhalten, bei Ich-Störungen ist sie gestört.

39. Typische Entfremdungen sind Depersonalisation und Derealisation. Ich-Störungen sind Gedankeneingebung, -entzug, -ausbreitung, Willensbeeinflussung.

40. Gefühlsausdruck und Erlebnisinhalt passen nicht zueinander (inadäquater Affekt).

41. Mangelnde Fähigkeit, Mitgefühl im zwischenmenschlichen Kontakt zu empfinden.

42. Missmutige Stimmungslage.

43. Mangelnde Lebendigkeit und Frische.

44. Motorische Regungslosigkeit bei Bewusstsein.

45. Echolalie bezeichnet das stereotype Nachsprechen und Echopraxie das roboterartige Nachmachen.

46. Übermäßiger Rededrang.

47. Kritikloses Anklammern, soziale Distanzlosigkeit.

48. Ein akutes organisches Psychosyndrom ohne Bewusstseinsstörungen.

49. Sekundengedächtnis, zeitliche Orientierungsstörungen, Konfabulationen.

50. Optische Halluzinationen (Krabbeltiere).

51. Kurzzeitgedächtnisstörungen.

52. Alkoholentzug, Medikamentennebenwirkung, Vergiftungen.

53. Meist Stunden bis wenige Tage (3-7).

54. Maximal bis 6 Monate.

55. Chronische organische Psychosyndrome werden meistens durch primäre Hirnschädigungen verursacht, akute häufiger durch sekundäre.

56. Degenerative (Alzheimer), vaskuläre (Schlaganfälle) und sekundäre Ursachen (Leberversagen).

57. Bei Krankheitsbeginn vor dem 65. Lebensjahr liegt eine präsenile Alzheimerdemenz vor. Ab dem 65. Lebensjahr spricht man von der senilen Form.

58. Störung von Konzentration, Aufmerksamkeit und emotionaler Kontrolle, Wortfindungsstörungen.

59. Die präsenile Form verläuft schneller und zeigt früher schwere neurologische Ausfälle.

60. Gedächtnistrainings, Selbsterhaltungstraining (SET) für Körperhygiene und Sicherheit im Haushalt.

61. Creutzfeldt-Jakob (CJE).

62. Aphasie (Wortfindung), Agnosie (Erkennen von Gegenständen), Apraxie (Handlungsabläufe), Alexie (Lesen), Agraphie (Schreiben), Akalkulie (Rechnen).

63. Mindestens 6 Monate.

64. Depression.

65. Pseudodemenz ist eine Depression, die im Alter leicht mit Demenz verwechselt werden kann.

66. Demente zeigen konstantes Leistungsniveau in Tests, bei Pseudodementen schwanken die Ergebnisse.

67. Pseudodemenz: Beginn datierbar, rasche Entwicklung der Symptomatik, Beklagen des Gedächtnisverlustes, Jammern, typische Antwort „Ich weiß nicht".

68. Von der Behandelbarkeit der körperlichen Grunderkrankung und vom Zeitpunkt der Diagnose.

69. Ein amentielles Syndrom ist ein Delir ohne Halluzination und Wahn.

70. Störung des Kurzzeitgedächtnis, zeitliche Desorientiertheit, Konfabulationen.

71. Wesens- bzw. Charakteränderungen aufgrund organischer Ursachen.

72. Überspitzung oder Neubildung von Wesenszügen, Witzelsucht, Distanzlosigkeit, veränderter Redefluss.

73. Fantasierte Lückenfüller zum Ausgleichen von Gedächtnisausfällen (unbewusst).

74. Klares Bewusstsein.

75. Funktionierendes Immediatgedächtnis (Nachsprechen neuer Inhalte ist möglich).

76. Morbus Alzheimer.

77. Antidementiva, Nootropika.

78. Bewusstseinsverlust, Muskeltonusverlust, Schwindel, Erbrechen, Kreislaufstörungen.

79. Bei der Kontusion kommt es zu substanzieller Schädigung des Gehirns durch Zusammenquetschen. Die Symptome sind stärker ausgeprägt als bei der Commotio, Kontusionspsychosen kommen vor.

80. Kein Symptom ist mit absoluter Sicherheit reversibel!

81. Morbus Heller, Kramer-Pollnow-Syndrom.

82. (1) starker Wunsch oder Zwang, Substanzen zu konsumieren, (2) verminderte Kontrollfähigkeit bezüglich Beginn, Ende und Menge des Substanzenkonsums, (3) ein körperliches Entzugssyndrom, (4) Nachweis einer Toleranzentwicklung, (5) Vernachlässigung anderer Interessen, (6) anhaltender Konsum trotz schädlicher Folgen.

83. Drei.

84. Verlangen nach der Substanz (Suchtdruck).

85. Abhängigkeit von mehreren Suchtstoffen.

86. Morphintyp, Barbiturattyp, Kokaintyp, Cannabistyp, Amphetamintyp, Halluzinogentyp

87. Präalkoholische Phase, Prodromalphase, Kritische Phase, chronische Phase.

88. Alpha (Konflikttrinker), Beta (Gelegenheitstrinker), Gamma (süchtiger Trinker), Delta (Gewohnheitstrinker), Epsilon (episodischer Trinker).

89. Bewusstseinseintrübung, Benommenheit, Schwindel, Erröten, Wahrnehmungsstörungen.

90. Kurz nach dem Trinken einer relativ geringen Menge Alkohol tritt plötzlich Aggression und Gewalt auf, die für die Person untypisch ist.

91. Delirium tremens.

92. Alkoholdelir, Alkoholentzugsdelir, Alkoholhalluzinose, Alkoholdemenz, chronisches Korsakow-Syndrom, Wernicke-Enzephalopathie.

93. Optische Halluzinationen.

94. Im Delir liegen Bewusstseins- und Orientierungsstörungen vor, bei Halluzinose sind beide Bereiche klar.

95. Eifersuchtswahn.

96. Merkschwächen, zeitliche Desorientiertheit, Konfabulationen.

97. Die Schädigung des ungeborenen Kindes durch Alkoholmissbrauch der Mutter (Alkoholembryopathie).

98. Stunden bis wenige Tage (3-7).

99. Bei völliger Abstinenz relativ gut.

100. So wird die Person bezeichnet, die die Abhängigkeit unterstützt durch Besorgen des Suchtmittels oder stille Akzeptanz der Sucht.

101. Motivationsphase, Entgiftung, Entwöhnung, Rehabilitationsphase.

102. 1-4 Wochen.

103. 14-30 Jahre.

104. Morphium, Opium, Heroin, Methadon, Codein.

105. Verstopfung, Atemdepression, Miosis (Pupillenverengung).

106. Gähnzwang, Durchfall, Mydriasis (Pupillenerweiterung).

107. Erste Entzugserscheinungen 6-12 Stunden nach der letzten Einnahme, Höhepunkt nach 24-48 Stunden, Abklingen nach ca. 10 Tagen.

108. Alkohol, Benzodiazepine, Barbiturate, Meprobamat.

109. Dysarthrie (Sprechstörungen), Ataxie (Gleichgewicht), Exantheme (Hautausschlag).

110. Erregungs- oder Dämmerzustand, zerebrale Krampfanfälle (Kokain-Schock), Delir, Herzrhythmusstörungen.

111. Tachykardie, Hypertonie, Bronchitis, Unruhe.

112. Das Auftreten psychotischer Symptome bei Drogen, nachdem die Substanz bereits nicht mehr im Körper wirkt (Flashback).

113. Teilnahmslosigkeit, Apathie und Passivität als Langzeitfolge von Cannabisgebrauch.

114. Alle Drogen können Psychosen entwickeln.

115. Insgesamt etwa ein Drittel Heilung, ein Drittel Besserung und ein Drittel Verelendung; Prognose von Substanz zu Substanz unterschiedlich.

116. Länger als 4 Wochen.

117. Ich-Störungen, kommentierende oder dialogische Stimmen, anhaltender bizarrer Wahn.

118. Anhaltende Halluzinationen, Gedankenabreißen, Negativsymptome.

119. Wahnwahrnehmung, Stimmenhören.

120. Zönästhesie, olfaktorische Halluzinationen.

121. Zum normalen Erleben kommt etwas hinzu: Wahn, Halluzinationen, Ich-Störungen, Erregung.

122. Apathie, Anhedonie, Affektverflachung, Sprachverarmung, sozialer Rückzug.

123. Beziehungswahn, meist als Beeinträchtigungs- oder Verfolgungswahn.

124. Ein Drittel Heilung, ein Drittel mit stabiler Restsymptomatik, ein Drittel chronischer Verlauf.

125. Der Leidensdruck ist aufgrund der Halluzinationen und der Angst extrem hoch.

126. Die Behandlungsbereitschaft ist meist gering.

127. Eine spontane Besserung des Zustandes eines schizophrenen Patienten, der jederzeit möglich ist.

128. Das gleichzeitige Handeln in der realen Welt (Schutzsuche bei der Polizei) und in der paranoid-halluzinatorischen.

129. Paranoide, hebephrene, katatone Schizophrenie, Schizophrenia simplex, undifferenzierte Schizophrenie, schizophrenes Residuum.

130. Paranoide Schizophrenie.

131. Ein Restzustand nach langem Krankheitsverlauf oder ein Zwischenzustand zweier Phasen, der hauptsächlich von Minussymptomen geprägt ist.

132. Schneller Beginn mit deutlich produktiver Symptomatik, gutes Ansprechen auf Neuroleptika.

133. 1 Prozent.

134. Neuroleptika.

135. 25-35 Jahre.

136. Erste Phase tritt nach dem 40. Lebensjahr auf.

137. Schizophreniforme Störung.

138. In der Regel mindestens 1 Jahr.

139. Psychotherapie (Ich brauche keine Medikamente mehr), Nebenwirkungen der Neuroleptika.

140. Psychotische Symptomatik, die innerhalb weniger Tage nach einem Extremereignis auftritt, deutlich darauf bezogen ist (Wahninhalte) und innerhalb von Tagen wieder vergeht.

141. Wahnhaftes Erleben und Denken steht ganz im Vordergrund, wobei für die Diagnose Schizophrenie zu wenig Symptome vorliegen.

142. Beeinträchtigungswahn, Eigengeruchsparanoia, Dysmorphophobie.

143. Eine Person übernimmt den Wahn des Partners, auch: induzierter Wahn.

144. Depression, Manie, bipolare Störungen, Dysthymia, Zyklothymia.

145. Monopolare Depression.

146. Niedergeschlagenheit, Antriebsarmut, Interessenverlust, Freudlosigkeit.

147. Depression mit körperlichen Ursachen (organische Depression).

148. Eine im Alter vorkommende depressive Episode, die demenzielle Phänomene zeigt (Vergesslichkeit, Orientierungsstörungen).

149. Agitierte Depression, Sisi-Syndrom.

150. Eine Depression, die sich ausschließlich in Körpersymptomen zeigt. Das subjektive Gefühl der Niedergeschlagenheit fehlt.

151. Früherwachen, depressiver Stupor, Wahn (Schuld-, Versündigungswahn).

152. Morgentief und tendenzielle Besserung am späten Nachmittag.

153. Antidepressiva, Wachtherapie, Elektrokrampftherapie, rTMS (Magnetstimulationstherapie), Psychotherapie, Lichttherapie (bei SAD).

154. Gehobene Stimmung, Antriebssteigerung, Denkbeschleunigung.

155. Hypomanie, Manie ohne psychotische Symptome, Manie mit psychotischen Symptomen.

156. Getriebenheit und das fehlende Verständnis für Menschen, die die Pläne des Manikers nicht teilen, können zu Fremdgefährdungen führen, Größenwahn und Tatendrang steigern das Suizidrisiko.

157. Ein Wechsel zwischen depressiven und manischen Phasen.

158. Manien beginnen fast immer plötzlich, Depressionen können plötzlich oder schleichend entstehen.

159. Depression: 4 Phasen, bipolare Störung: 6 Phasen.

160. 4-12 Monate.

161. Bei mehr als 4 Phasen einer Psychose pro Jahr spricht man von Rapid-Cycling.

162. Weil einige Antidepressiva zuerst die Antrieb steigernde Wirkung entfalten und erst danach die Stimmung aufhellende.

163. Chronische Verstimmung leichteren Grades über mehr als zwei Jahre.

164. Dauerhafte Instabilität der Stimmung mit zahlreichen Phasen leichter Depression und leichter Manie.

165. Manische und depressive Symptome liegen gleichzeitig vor.

166. Antidepressiva.

167. SAD (Herbst-, Winterdepression).

168. Auf die dominante Gehirnhälfte werden elektromagnetische Impulse verabreicht.

169. Mit Hilfe elektrischer Reizung wird ein zerebraler Krampfanfall unter Narkose ausgelöst.

170. Maniker haben keine Krankheitseinsicht und lassen sich daher nur sehr selten freiwillig behandeln.

171. Schizophrene und affektive Symptome liegen nebeneinander vor, wobei weder die eine noch die andere Diagnose begründet werden kann.

172. Schwankende Symptomatik zwischen extremen Angst- und Glücksgefühlen.

173. Die in einer Gefahrensituation bei gesunden Menschen zu erwartende Angst.

174. Kontextabhängige Ängste (Phobien), Panikstörungen, generalisierte Angststörungen.

175. Das Warten auf die nächste Angstattacke oder den nächsten Angstzustand (auch: Phobophobie).

176. Sozialer Rückzug, Phobophobie, Suchttendenzen, Vermeidungsverhalten.

177. Angst in Situationen, aus denen Flucht nur schwer möglich wäre, freie Plätze, Menschenmengen (auch: Platzangst).

178. Agoraphobie (Platzangst), sozialePhobie, isolierte (spezifische) Phobien.

179. Angst, wenn die eigene Person im Mittelpunkt der Aufmerksamkeit steht (auch: soziale Phobie).

180. Anfallsartiger Beginn, Atemnot, Beklemmungsgefühle, Herzrasen, Schwitzen, Druckgefühle auf der Brust und im Halsbereich, Furcht vor Kontrollverlust, Angst zu sterben.

181. Bei der generalisierten Angststörung ist die Angst ständig vorhanden und betrifft viele Lebensbereiche; Panik tritt anfallsweise auf und ist mit Furcht vor Kontrollverlust oder Tod verbunden.

182. Panikstörung.

183. Hamilton-Angstskala, STAI (State Trate Anxietx Inventory).

184. Bei Zwängen ist die Meinhaftigkeit in der Regel erhalten, bei Wahn besteht starre Überzeugung.

185. Wasch-, Kontroll-, Zählz-, Symmetriezwang.

186. Zwangsstörungen beziehen sich auf ganz bestimmte Handlungen oder Gedanken, die immer wieder auftreten, anankastische Personen haben rigide Charakterzüge in Form andauernder Pedanterie.

187. Die Prognose ist günstig; auch unbehandelte Zustände vergehen oft im Laufe der Zeit.

188. Latenzzeit bis 1 Monat, Dauer bis 6 Monate (Ausnahme: längere depressive Reaktion bis 2 Jahre).

189. Naturkatastrophe, Massenunfall, Folter, Vergewaltigung.

190. Die Ursachen von PTBS sind immer katastrophal, würden also bei jedem Menschen zumindest eine Krise auslösen, Anpassungsstörungen entstehen

bereits bei subjektiv belastenden Ursachen, die für andere Menschen folgenlos bleiben könnten.

191. Amnesie, Fugue, multiple Persönlichkeit, sensorische Störungen, Trancezustände.

192. Akuter Beginn, fluktuierende Symptomatik, meist plötzliches Ende.

193. Somatisierungsstörung, undifferenzierte Somatisierungsstörung, hypochondrische Störung, somatoforme autonome Funktionsstörung, anhaltende somatoforme Schmerzstörung.

194. Die abnorme Vorstellung einer Gesichtsentstellung in Form auffälliger Nasen- oder Ohrenform.

195. Schnelle Ermüdbarkeit, anhaltende Erschöpfung.

196. Störung mit auffälligem Vorbeiantworten.

197. Körperschemastörung als Fehleinschätzung der eigenen Figur.

198. Kachexie, Hormonstörungen, Osteoporose, Osteomalazie.

199. BMI kleiner als 17,5.

200. Binge-Eating ist eine Form der Bulimie ohne Gegenreaktion des Erbrechens und Purging bezeichnet die typische Ess-Brech-Sucht.

201. Anorektikerinnen magern immer ab, Bulimikerinnen haben Normal- oder auch leichtes Übergewicht.

202. Anorexie hat eine ungünstige Prognose mit bis zu 20 % tödlichem Verlauf; 40 % verlaufen günstig nach einer Behandlungszeit von 4-5 Jahren.

203. Kaliummangel (Herztod).

204. Verhaltenstherapie zur Nahrungskontrolle, Familientherapie zur langfristigen Stabilisierung.

205. Das selbstgesteuerte „Verhungern" kann als suizidales Verhalten betrachtet werden.

206. Anorektikerinnen haben kaum Krankheitseinsicht, Bulimiker durchaus, denn sie versuchen die Bulimie zu verheimlichen.

207. Ca. 5 bis max. 10 Prozent.

208. Bei Dyssomnien sind Dauer, Qualität und Zeitpunkt des Schlafes gestört, bei Parasomnien treten abnorme Episoden während des Schlafens auf.

209. Einschlafneigung in monotonen Situationen mit plötzlichem Muskeltonusverlust.

210. Nächtliche Atemaussetzer mit Schnarchen.

211. Albträume sind Angstträume im letzten Schlafdrittel, Pavor nocturnus ist eine Panikreaktion im ersten Schlafdrittel mit Amnesie für das Ereignis.

212. Schlaflosigkeit bei Medikamenten- oder Drogenentzug.

213. Physikalisch (Zeitverschiebung), physiologisch (Schmerzen), psychologisch (Ärger), psychiatrisch (Psychosen), pharmakologisch (Medikamente).

214. Extraversion, Verträglichkeit, Gewissenhaftigkeit, Neurotizismus, Offenheit.

215. Übertriebene Empfindlichkeit bei Zurücksetzungen; Misstrauen; Neigung, Ereignisse zu verdrehen; Verschwörungsgedanken.

216. Die schizoide Persönlichkeit ähnelt der Schizophrenie in der flachen Affektivität und im Sozialverhal-

ten, die schizotype Störung zeigt Eigentümlichkeiten in der Sprache und in der Vorstellungswelt.

217. Missachtung sozialer Normen, Unvermögen zum Beibehalten von Beziehungen, geringe Frustrationstoleranz, Rationalisierung eigener Konflikte.

218. Impulsiver Typ und Borderline-Typ.

219. Histrionische Persönlichkeitsstörung.

220. Anankastische Menschen haben einen rigiden Charakter, der sich in Pedanterie zeigt, Zwänge sind auf bestimmte Inhalte bezogen.

221. Übertriebene Sorge um Ablehnung, andauernde Anspannung, Einlassen auf soziale Kontakte nur bei Sicherheit, gemocht zu werden.

222. Kritiklos anklammernd und unterwürfig.

223. Eysenck-Persönlichkeitsinventar (EPI), Freiburger Persönlichkeitsinventar, Münchner Persönlichkeitstest (MPT).

224. Drittelregel: ein Drittel günstig, ein Drittel partiell günstig, ein Drittel ungünstig.

225. Betroffene leiden subjektiv, manchmal jedoch erst im späten Verlauf.

226. Unausgeglichenheit in Einstellung und Verhalten, gleichförmige Verhaltensmuster, Beginn in Kindheit oder Jugend, subjektives Leiden, Einschränkungen in der beruflichen und sozialen Leistung.

227. Intelligenzminderung ist angeboren, Demenz bedeutet Verlust eines bereits entwickelten Niveaus.

228. Leicht (IQ 50-69), mittelgradig (IQ 35-49), schwer (IQ 20-34), schwerst (IQ <20).

229. IQ 70-90.

230. Intelligenzquotient (IQ), subjektiver Leidensdruck, Lebensbewältigungsstrategien.

231. HAWIK-III, HAWIE-R.

232. Weil eingeschätzt werden muss, ob und inwiefern die Person die Anforderungen des täglichen Lebens bewältigen kann.

233. Das Abweichen einzelner Intelligenzbereiche um mindestens 15 IQ-Punkte.

234. Mittelgradige Intelligenzminderung (IQ 35-49).

235. Debilität.

236. Trisomie 21, Sauerstoffmangel bei der Geburt, Alkoholembryopathie.

237. Schädigung aufgrund von Ereignissen während des Geburtsvorganges.

238. Artikulationsstörungen sind Störungen der Lautbildung, expressive Sprachstörungen zeigen sich durch mangelnde Sprachbeherrschung.

239. 3-Jährige: p, b, t / 6-Jährige: r, s, f, z, l.

240. Mangelndes Sprachverständnis im Vergleich zur nonverbalen Intelligenz.

241. Wortfindungsstörungen, mangelnde Wortbeherrschung mit 2 Jahren, keine 2-Wort-Sätze mit 3 Jahren, eingeschränktes Vokabular.

242. Aphasie mit zerebralen Krampfanfällen.

243. Klonisches Stottern (Silben- / Wortwiederholungen), tonisches Stottern (Dehnungen).

244. Stottern bedeutet unwillkürliche Silbenwiederholung oder Dehnungen, Poltern ist ein zu hastiger Redefluss.

245. Die Häufigkeit von Psychosen ist bei LRS nicht erhöht!

246. Extreme Selbstbezogenheit, kaum Kontaktaufnahme, ritualisierte Objektbindungen, Intelligenzminderung bei 75 % aller Betroffenen, Handlungsstereotypien, fehlendes Mitgefühl.

247. Kanner-Autismus: meist Intelligenzminderung, verzögerte Sprachentwicklung, kaum Kontaktaufnahme; Asperger-Autismus: normale oder hohe Intelligenz, frühe Sprachentwicklung, motorische Ungeschicklichkeit.

248. Kanner-Autismus: 3 Jungen : 1 Mädchen, Asperger-Autismus: 9 Jungen : 1 Mädchen.

249. Kanner-Autisten sind meist intelligenzgemindert (75 % aller Fälle), Asperger-Autisten sind normal bis hoch intelligent.

250. Ausgeprägte Intelligenzleistungen in einem besonderen Bereich bei Asperger-Autisten.

251. Aufmerksamkeitsstörung, Hypermotorik, depressive Verstimmung.

252. Bei ADS fehlt die Hypermotorik.

253. Betroffen sind 3 % aller Schulkinder, Jungen : Mädchen = 3 : 1.

254. Vor dem 6. Lebensjahr.

255. Schulabbrüche, Arbeitslosigkeit, Suchtneigung.

256. ADHS-Kinder zeigen große Risikobereitschaft beim Spielen und distanzloses Anklammern.

257. Dissoziales Verhalten innerhalb der eigenen Familie im Kindes- und Jugendalter.

258. Schulangst ist übertriebene Angst vor realen Bedrohungen, Schulphobie ist Angst aufgrund der Trennung von der Bezugsperson (Mutter).

259. Sprachverweigerung bei Kindern.

260. Reaktive Bindungsstörung mit Furcht und Gehemmtheit, die vor dem 5. Lebensjahr beginnt.

261. Das Tourette-Syndrom ist eine Tic-Störung mit schweren vokalen und gleichzeitig oder in der Vorgeschichte vorkommenden motorischen Tics.

262. Enuresis diurna (Tageinnässen) ist bei Mädchen häufiger, Enuresis nocturna (bei Nacht) bei Jungen.

263. Bei einer primären Ausscheidungsstörung war das Kind noch nicht sauber, bei sekundären Störungen war es bereits sauber und ist regrediert.

264. Aufgrund starker Verstopfung drückt sich dünnflüssiger Kot nach außen.

265. Trainings mit Klingelmatratzen, Toilettentraining, erhöhte Flüssigkeitszufuhr.

266. F0, F1 (Abhängigkeitserkrankungen).

267. Dissoziative Störungen (F44), histrionische Persönlichkeitsstörung (F60.4).

268. Affektive Störungen.

269. F7 (Intelligenzminderung), F8 (Entwicklungsstörungen, F9 (Verhaltens- und emotionale Störungen mit Beginn in der Kindheit und Jugend).

270. F2 (Schizophrenie, Wahnstörungen), F3 (Affektive Störungen).

271. F0 – organische Psychosyndrome, F1 – Psychische Störungen durch Substanzen, F2 – Schizophrenie, Wahn, F3 – Affektive Störungen, F4 Neurotische, Belastungs-, somatoforme Störungen, F5 – Störungen mit körperlichen Faktoren, F6 – Persönlichkeits-, Verhaltensstörungen, F7 – Intelligenzminderung, F8 – Entwicklungsstörungen, F9 – Verhaltensstörungen mit Beginn in Kindheit und Jugend.

272. F0 (organisch bedingte psychische Störungen), F1 (Psychische Störungen durch Substanzen).

273. F4 (Neurotische, Belastungs- und somatoforme Störungen).

274. Tief greifende Entwicklungsstörungen (F84).

275. F5 (Funktionsstörungen, F52), F6 (Identitäts- und Präferenzstörungen, F64, F65).

276. Länger als 4 Wochen.

277. 6 Monate.

278. Ab dem 65. Lebensjahr.

279. Vaskuläre Demenzen können akut beginnen, verlaufen schneller als Alzheimer und schrittweise.

280. Drittelregel: ein Drittel einmalige oder mehrmalige Phasen mit Rückbildung, ein Drittel mit Restsymptomen, ein Drittel chronische Verläufe.

281. Akut zu schweren chronischen Zuständen (sehr selten), chronisch zu schweren Zuständen (ca. 5 %), akut zu leichten Zuständen (ca. 5 %), chronisch zu leichten Zuständen (ca. 15-20 %), wellenförmig zu

schweren chronischen Zuständen (<5 %), wellenförmig zu leichteren chronischen Zuständen (ca.
20-25 %), Heilung nach wellenförmigem Verlauf
(ca. 35-40 %).

282. Beim Phasenverlauf wird zwischen den psychotischen Phasen ein symptomfreies oder symptom-
armes Niveau erreicht, schubweise bedeutet, die
Symptomatik ist dauerhaft ausgeprägt mit psychotischen Schüben (Intensivphasen).

283. Einige Wochen bis maximal 12 Monate.

284. In zeitlich engem Zusammenhang zu einer subjektiv ungewöhnlichen Belastung (bis zu 1 Monat danach) entsteht die Symptomatik, die bis zu 6 Monate andauert, im Fall der längeren depressiven Reaktion bis zu 2 Jahre.

285. Drittelregel: ein Drittel lernt, damit zurecht zu
kommen; ein Drittel kommt mit soziotherapeuti-
scher Begleitung relativ gut zurecht, ein Drittel be-
nötigt immer wieder erhebliche Hilfe und scheitert
immer wieder bei der Bewältigung des Alltages.

286. Dissoziative Störungen beginnen meist plötzlich
mit erkennbarem Zusammenhang zu sozialen Konflikten, sie verlaufen mit fluktuierender Symptomatik und enden meistens abrupt.

287. Manien beginnen meist plötzlich, Depressionen
können akut oder schleichend beginnen.

288. Bei der Kontrolle der Zwänge durch Therapie,
werden die mit dem Zwang verbundenen Ängste
deutlicher gespürt, wodurch die Suizidalität steigt.

289. Sozialer Rückzug, Vermeidungsverhalten, Erwartungsangst, Suchtneigung.

290. 6 Phasen bei bipolaren Störungen, 4 Phasen bei unipolaren Depressionen oder Manien.

291. Eine plötzliche deutliche Besserung der Symptomatik, die jederzeit im Verlauf einer Schizophrenie auftreten kann, wird positiver Knick genannt.

292. Anzahl an Krankheitsfällen einer bestimmten Erkrankung zu einem festgelegten Zeitpunkt.

293. Anzahl an Neuerkrankungen einer bestimmten Krankheit innerhalb eines Jahres.

294. 5-10 Prozent sind männlich.

295. 1 Prozent.

296. Ab einem Lebensalter von 40 Jahren bei Ersterkrankung.

297. Unipolare Depression ca. 65 %, bipolare Störungen ca. 30 %, unipolare Manie ca. 5 %.

298. 25 Prozent.

299. 5 % sind betroffen, 1 % mit schwerer Symptomatik.

300. Zwischen 9.000 und 11.000 (2008).

301. Suizidversuche kommen bei Frauen doppelt so häufig vor wie bei Männern, Suizide sind bei Männern doppelt so häufig.

302. Durch Lernprozesse (gelernte Störungen).

303. Die Gene legen die Vulnerabilität fest, d.h. die Anfälligkeit für bestimmte Störungen.

304. Dieses Modell besagt, dass eine Anfälligkeit (Vulnerabilität) für bestimmte Störungen individuell

angeboren ist. Stressereignisse führen ab einer gewissen Gesamtbelastung zum Ausbruch.

305. Die Umwandlung psychischer Belastungen in Körpersymptome.

306. Nach bisherigem Forschungsstand muss das verneint werden! Zwillingsstudien zeigen erhöhte Anfälligkeiten durch genetische Vorbelastungen, jedoch keinen vollständigen Kausalzusammenhang.

307. Herz-Kreislauf, bösartige Neubildungen, Atmungswege, Verdauungssystem, Unfälle, Suizid.

308. Harte Methoden sind durch äußere Gewalteinwirkung erkennbar (Erhängen, Erschießen), weiche Methoden sind subtiler (Vergiftungen).

309. Frauen neigen eher zu weichen, Männer eher zu harten Suizidmethoden.

310. Ca. 9.000 – 11.000 (2008).

311. Frauen begehen häufiger Suizidversuche, Männer versterben häufiger durch Suizid.

312. Sie hat sich etwa halbiert mit Stagnation seit einigen Jahren.

313. Mai, Juni.

314. Selbsttötung nach dem Suizid eines Vorbildes (auch: Werthereffekt).

315. Nahe Angehörige werden getötet, anschließend erfolgt der Suizid.

316. Zunehmende Einengung, Aggressionsstau und Aggressionsumkehr, Suizidphantasien.

317. Bis zur eigentlichen Selbsttötung bleibt die Hoffnung, doch noch davon abgehalten zu werden

bzw. im Falle des Überlebens das Leben vielleicht doch noch anzunehmen.

318. Die Suizidalität steigt mit der Entlassung aus der Klinik, weil das Betreuungssystem wegfällt und die Alltagsbelastungen wieder zurückkehren.

319. Produktive Symptome wie Halluzinationen, Wahn, Erregungszustände.

320. Neuroleptika, die nebenwirkungsarm sind.

321. Bewegungsstörungen, Blutdrucksenkung mit Schwindel, Mundtrockenheit, Verstopfung, Sehstörungen, selten Blutbildungsstörungen.

322. Sitz- und Bewegungsunruhe als Nebenwirkung auf Neuroleptika.

323. Die Sitz- und Bewegungsunruhe könnte auch ein Anzeichen einer erneuten Krankheitsphase sein.

324. Antidepressiva wirken Stimmung aufhellend und Antrieb steigernd.

325. Die Antrieb steigernde Wirkung setzt früher ein als die Stimmung aufhellende.

326. Sedierung, Appetitsteigerung (Gewichtszunahme), Mundtrockenheit, Akkommodationsstörungen, teilweise Blutbildungsstörungen.

327. Neuroleptika und Antidepressiva machen nicht körperlich abhängig.

328. Lithiumsalze, Antiepileptika (Carbamazepin)

329. Angstzustände, Unruhe.

330. Vorteile: gute Verträglichkeit, schneller Wirkungseintritt, Überdosierung kaum möglich; Nachteil: schnelle körperliche Abhängigkeit.

331. Medikamente zur Dämpfung des Suchtdrucks, also des Verlangens nach der Substanz.

332. Mittel zur Verlangsamung der Demenz.

333. Depressive Patienten werden eine Nacht lang am Schlafen gehindert.

334. Zum Durchbrechen von Stuporzuständen.

335. Repetitive (wiederholte), transkranielle (durch den Schädel ausgeführte) Magnetstimulation; Depressionen werden mit Magnetimpulsen auf die dominante Gehirnhälfte behandelt.

336. Patienten mit SAD (Herbst-/ Winterdepression) werden mit hellem Licht bestrahlt.

337. Sexualtrieb, Aggressionstrieb.

338. Es (Triebe), Ich (handelnder Teil), Über-Ich (Moral, Gewissen).

339. Orale Phase (1. Lebensjahr), anale Phase (2.-3- Jahr), phallische (ödipale) Phase (4.-5- Jahr), Latenzzeit (6.-10. Jahr), genitale Phase (ab 10. Jahr).

340. Unbewusste Vorgänge, die vor unerwünschten Triebimpulsen schützen sollen.

341. Verleugnung, Verdrängung, Konversion, Projektion, Verschiebung, Identifikation.

342. Seelisches Leid wird in körperliche Symptome umgewandelt.

343. Zwangsstörungen, anankastische Persönlichkeit, Borderline.

344. Der Patient der Psychoanalyse erzählt alles, was ihm gerade in den Sinn kommt.

345. Emotionen früherer Beziehungen werden im Kontakt zum Therapeuten wiederbelebt.

346. Aufgrund der Autorität des Therapeuten geht der Klient immer mehr in seine eigene Kinderrolle.

347. Verspätungen, Absagen, Kritik am Therapeuten.

348. Die antwortende Reaktion des Therapeuten auf eine Übertragung.

349. Das natürliche Bestreben, die eigene Persönlichkeit zu entfalten und weiter zu entwickeln.

350. Die angeborene Unterscheidungsfähigkeit nach gut oder schlecht für die eigene Person wird organismisches Bewertungssystem genannt.

351. Jeder Mensch strebt nach positiver Zuwendung und stellt dafür eigene Bewertungen in den Hintergrund. Die eigenen Gefühle werden mit der Zeit nicht mehr bewusst wahrgenommen.

352. Kongruenz bedeutet, im Einklang mit eigenen Emotionen zu sein. Inkongruenz bezeichnet die Abweichung davon, die entsteht, weil eigene Einschätzungen zugunsten positiver Zuwendung durch andere dauerhaft missachtet werden.

353. Bedingungsfreies Akzeptieren, einfühlendes Verstehen, Echtheit.

354. Vor allem neurotische Störungen, bei denen Problemeinsicht und damit Freiwilligkeit gegeben ist.

355. Der Therapeut gibt keinen Weg vor sondern begleitet den Klienten bei seiner Selbsterkundung.

356. Die Verhaltenstherapie betrachtet psychische Störungen als Ergebnis von Lernprozessen.

357. Klassische Konditionierung, operantes Konditionieren, Modelllernen.

358. Materielle, soziale und Aktivitätsverstärker.

359. Definition der Problemstellung, Verhaltensanalyse, Zielanalyse, Festlegung des Problemlösungsprozesses, Erprobung und Bewertung, Therapieende.

360. Eine schrittweise Annäherung an eine Angst auslösende Situation oder ein Objekt, mit dem Ziel, die Auslöseschwelle zu erhöhen.

361. Phobien.

362. Selbstbeobachtung, Selbstverstärkung, soziale Kontrakte, Stimuluskontrolle, Gedankenstopp.

363. Ein Auslösereiz wird direkt dargeboten, mit dem Ziel, die Reaktion „abzunutzen" (Angstreduktion).

364. Flooding bedeutet Reizüberflutung, Implosion bezeichnet die Konfrontation mit einem absichtlich gesteigerten Angstauslöser.

365. In sensu bedeutet in der Vorstellung, in vivo bedeutet tatsächliche Konfrontation mit einer Problemsituation (Brücke, Höhe etc.).

366. Gesetz der Heilkunde ohne Bestallung.

367. Aufgrund der Verwechslungsgefahr mit dem approbierten Psychotherapeuten.

368. Er könnte mit einem „großen" Heilpraktiker verwechselt werden.

369. Heilpraktiker (Psychotherapie) und Heilpraktiker für Psychotherapie.

370. Er darf alle psychischen Störungen behandeln. F0-F3 aber nur begleitend zur Somatotherapie.

371. Er ist in der Honorargestaltung frei.

372. Er darf grundsätzlich ohne Zusatzqualifikation mit Gruppen arbeiten. Auch hier gilt im Sinne der Sorgfaltspflicht, dass er dies auch können muss.

373. Das ist möglich, wenn es in dem Bundesland, in dem sich seine Praxis befindet, erlaubt ist.

374. Zur Lebensrettung oder gesundheitlichen Schadenabwendung beim Klienten.

375. Sorgfaltspflicht bedeutet, dass nur Behandlungen angeboten werden, die geeignet sind und die der Therapeut auch beherrscht.

376. Ja. Es besteht keine Behandlungspflicht.

377. Klienten sind über Honorar, Selbstzahlung und ggf. Alternativen zu informieren.

378. Körperbezogene Verfahren, die auf die Psyche wirken, sind in der Regel erlaubt.

379. Es muss einen festen Raum mit Sprechzeiten (ohne Fremdnutzung währenddessen) geben. Hausbesuche sind ebenfalls erlaubt.

380. Unterbringungsgesetze bzw. Psychisch Krankengesetze der einzelnen Bundesländer.

381. Gleichzeitiges Vorliegen einer psychischen Störung und einer Selbst- oder Fremdgefährdung.

382. Das Amtsgericht nach Vorlage eines Antrages mit ärztlicher Stellungnahme.

383. Aufenthalt, ärztliche Behandlung, Vermögensangelegenheiten.

384. Grundsätzlich die Person selbst. Die Geschäftsfähigkeit bleibt erhalten.

385. Beim Vorliegen einer krankhaften seelischen Störung, einer tief greifenden Bewusstseinsstörung, Schwachsinn oder schwerer seelischer Abartigkeit und gleichzeitiger Unfähigkeit, das Unrecht der Tat einzusehen oder nach der Einsicht zu handeln.

386. Die Unterbringung eines schuldunfähigen Täters bei Wiederholungsgefahr in einer psychiatrischen Klinik oder Entziehungsanstalt.

387. Lang anhaltende exogene oder endogene Psychosen (Schizophrenie, Manie, bipolare Störungen, Depression, organische Psychosen).

388. Bei kurzzeitigen psychotischen Störungen können geschlossene Verträge nichtig sein, wenn der Zustand keine klare Entscheidung ermöglicht.

389. Dissoziative Störungen (Konversionsstörungen).

390. Persönlichkeitsstörungen.

391. Dissoziale (antisoziale) Persönlichkeitsstörung.

392. Intelligenzminderung.

393. Persönlichkeitsstörungen.

394. Leichte Intelligenzminderung.

395. Mittelgradige Intelligenzminderung.

396. Schwerste Intelligenzminderung.

397. Intelligenzminderung.

398. Schwachsinn wird als eine mögliche Voraussetzung für verminderte oder aufgehobene Schulfähigkeit genannt (§ 20, 21 StGB).

399. Schizophrenie.

400. Panikstörung.